SON OF
A BITCH

ATTENTION
WHORE

DAMN

FUCK
A DUCK

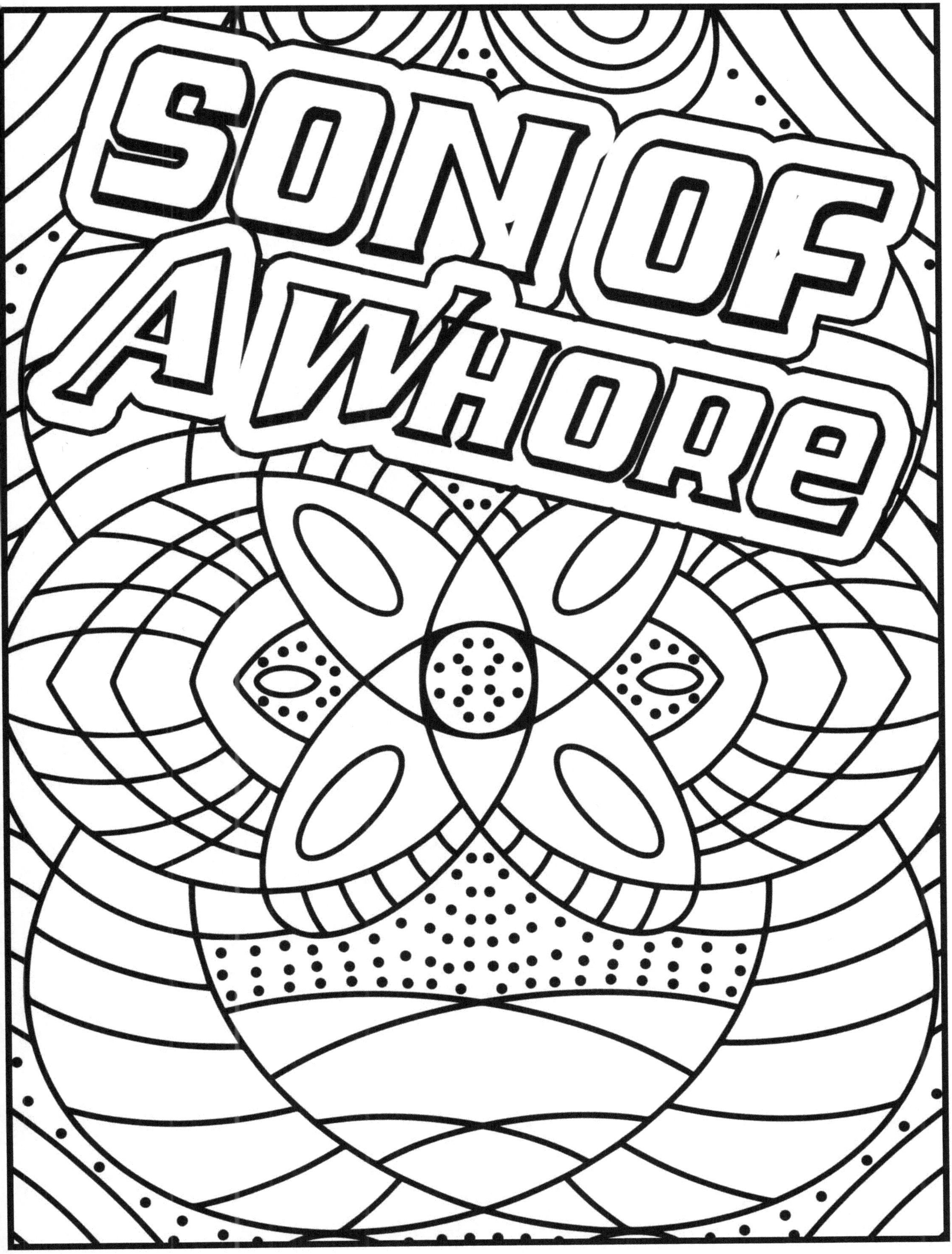
SON OF
A WHORE

ASSHOLE

CUNTFACE

FUCK
MORNING

BASTARD

FUCK
FUCKER

BITCH

BATSHIT
CRAZY

COCK
AND BALLS

I FUCKING
LOVE
COLORING

CURSE
AND
COLOR

DICKHEAD

ZERO
FUCK

DOUCHE
BAG

DUCK MIDGET

FUCK
PANDEMIC

FUCK

MORON

DIPSHIT
IDIOT

PISS
OFF

ATTENTION
WHORE

DAMN

FUCK
A DUCK

SON OF
A BITCH

ASSHOLe

SON OF
A WHORE

CUNTFACE

FUCK
MORNING

BASTARD

FUCK
FUCKER

BITCH

BATSHIT
CRAZY

COCK
AND BALLS

I FUCKING
LOVE
COLORING

CURSE
AND
COLOR

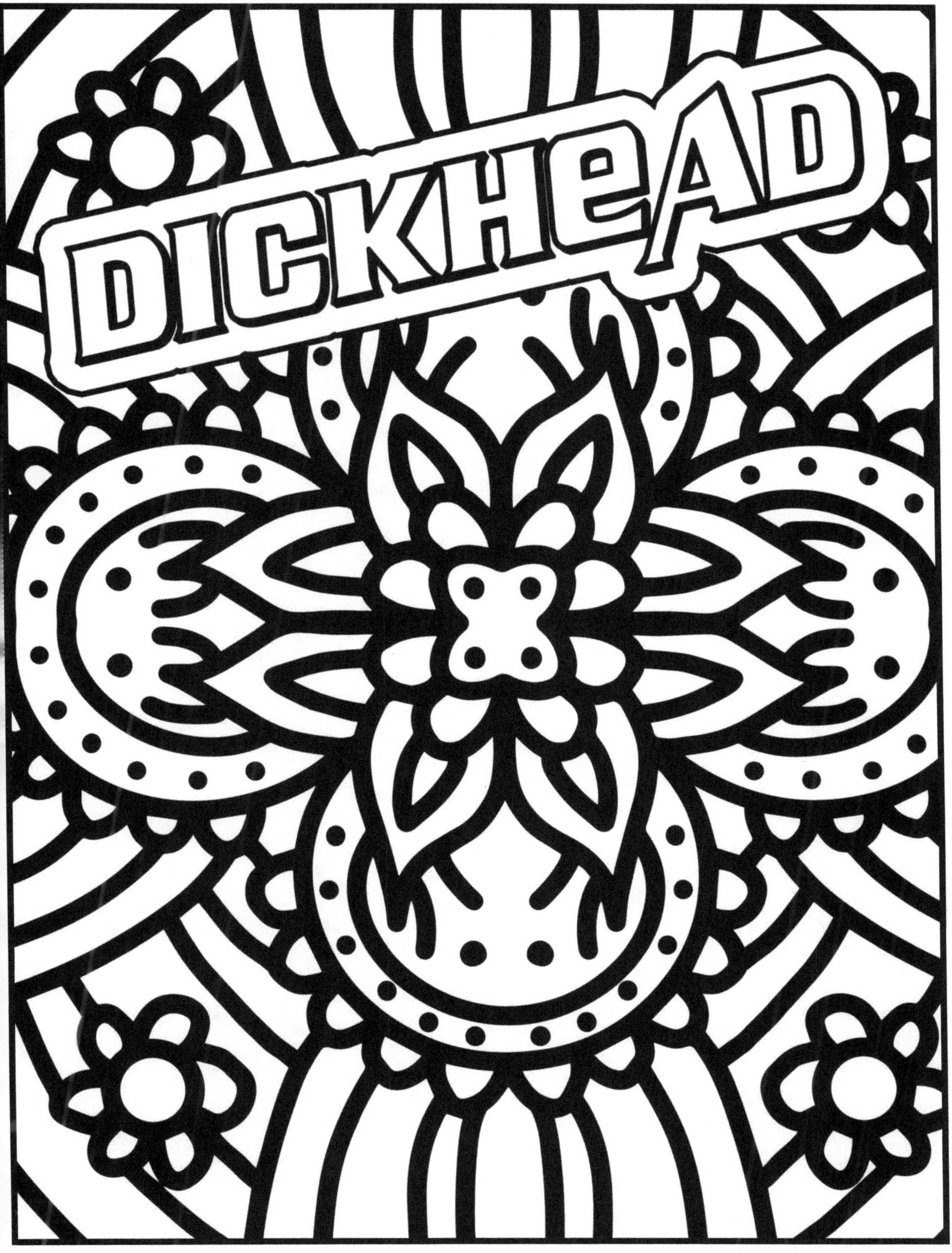
DICKHEAD

ZERO
FUCK

DOUCHE
BAG

DUCK MIDGET

FUCK
PANDEMIC

FUCK

MORON

DIPSHIT
IDIOT

PISS
OFF

ATTENTION
WHORE

DAMN

www.ingramcontent.com/pod-product-compliance
Lightning Source LLC
Chambersburg PA
CBHW082158161224
19129CB00013B/837

9 798553 043797